D1719749

Karlsruhe

EINST
BAROCK-RESIDENZ
HEUTE
OBERRHEIN-METROPOLE

TEXT
GEORG RICHTER

G. BRAUN KARLSRUHE

Vorsatz vorne

Links oben Rondellplatz, unten Marktplatz mit Grabpyramide, rechts Gartenansicht und Haupttrakt des Residenzschlosses

Vorsatz hinten

Links oben Rüppurrer Tor, unten Durlacher Tor, rechts oben Karlstor, unten Ettlinger Tor
Ende 18. und Anfang 19. Jahrhundert

Front- and endpapers

Views of Karlsruhe after ancient engravings of the late 18th century and the early 19th century

Pages de garde

Vues de la ville de Karlsruhe d'après d'anciennes gravures de la fin du 18e siècle et du début du 19e siècle

Bildnachweis

Manfred Schaeffer, Karlsruhe: 25, 36, 40, 45, 56 oben, 57 unten, 60, 62, 66 rechts, 86 oben, 83, 85 unten, 106, 107, 112, 113, 114, 115, 118 oben, 119
Luftbild Albrecht Brugger, Stuttgart: 28/29
Gerd Popp, Ettlingen: 50, 70, 71, 92, 97 unten, 102, 104, 105, 118 rechts unten
Robert Häusser, Mannheim: 41, 44, 48, 51, 68 links oben, 75 links oben, 78, 116
Werner Stuhler, Hergensweiler: 87 oben, 77 unten, 86 unten, 88, 89, 90, 103

Badisches Landesmuseum, Karlsruhe: 6, 74, 75 rechts oben und unten
Verkehrsverein Karlsruhe: 73
Erich Bauer, Karlsruhe: 85
Landesbildstelle Karlsruhe: 32, 33, 37, 52, 54, 55, 56 unten, 57 oben, 58, 59, 63, 64, 65, 67, 68, 69, 77 oben, 91, 94, 95, 96, 97, 98 unten, 100, 101, 110, 111, 118 unten links
Kernforschungszentrum Karlsruhe: 98 oben
Werkfoto Firma Pfaff Karlsruhe: 99 unten
Karlsruher Kongreß- und Ausstellungs-GmbH: 72
Werkfoto Karlsruher Lebensversicherung AG, Karlsruhe: S. 99 (Luftaufnahme freigegeben vom Regierungspräsidium Karlsruhe Nr. 0/9998)
Bad. Generallandesarchiv Karlsruhe: 14, 15 (Nr. 1, 3, 4, 5, 8)
Staatl. Kunsthalle, Karlsruhe: 15 (Nr. 6)
Oberrheinisches Dichtermuseum, Karlsruhe: 15 (Nr. 7)

Farbfotos:
Manfred Schaeffer: 30, 31, 35 oben, 39, 42, 43 rechts, 46, 47, 49, 53, 61, 76, 81, 108, 109, 117, 120
Erich Bauer: 34, 82, 97
Gerd Popp: 27 oben rechts
Landesbildstelle: 26, 42
Verkehrsverein Karlsruhe: 39 (Studio Rieckert, Königsbach-Stein)

Titelfotos:
Verkehrsverein Karlsruhe (Foto Ruthardt): links oben
Manfred Schaeffer, Karlsruhe: rechts oben und unten

Vorsatz, vorne und hinten:
Privatbesitz Dr. E. Knittel

2. Auflage 1984

© 1981 by Verlag G. Braun
(vorm. Hofbuchdruckerei und Verlag) GmbH, Karlsruhe
Gesamtherstellung G. Braun, Druckerei und Verlag

CIP-Kurztitelaufnahme der Deutschen Bibliothek

Karlsruhe: einst Barock-Residenz, heute Oberrhein-Metropole / Text Georg Richter. — 2. Aufl. — Karlsruhe: Braun, 1984.
ISBN 3-7650-8042-X
NE: Richter, Georg [Bearb.]

Inhalt

Contents

Sommaire

Vorderseiten der Medaillen, die 1709 zum Regierungsantritt Markgraf Karl Wilhelms und zur Grundsteinlegung des Karlsruher Schlosses und damit zur Stadtgründung durch Markgraf Karl Wilhelm 1720 geprägt wurden

Medals stamped on the occasion of the accession to the throne of the margrave Karl Wilhelm in 1709 and of the laying of the foundation stone of the castle in 1720

Médailles battues à l'occasion de l'avènement au trône du margrave Karl-Wilhelm en 1709 et de la pose de la première pierre du château en 1720

GESCHICHTE UND GEGENWARTSSITUATION

AM 15. JUNI 1715

ließ Markgraf Karl Wilhelm von Baden-Durlach in den bewaldeten Auen der Hardt zwischen seinem angestammten Sitz Durlach und dem noch ungebändigten Rheinstrom verkünden, daß er „gnädigst beschlossen habe, zu Dero künftigen Ruhe und Gemütsergötzung eine fürstliche Residenz aufzubauen". Das Schloß sollte mitten im Wald auf einer bereits gerodeten Stelle errichtet werden. Ohne Umschweife hatten sich die ersten adligen und bürgerlichen Getreuen eingefunden. Sie wurden durch Handschlag verpflichtet, das Ihre zum Bau der neuen Residenzstätte beizutragen. Mit dieser „Verschworenheit zur Treue" wurde am 17. Juni 1715 der Grundstein für „Carolsruhe" gelegt: In dem gold-roten Wappen symbolisiert fortan das Wort „Fidelitas" den Gründungsakt.

KARLSRUHES LAGE

— heute an den Schnittpunkten der internationalen Auto-, Rhein- und Eisenbahnverkehrswege in unmittelbarer Nähe Frankreichs — hat sich aber erst Generationen später als einmaliger Vorzug erwiesen. Denn Karl Wilhelms Träume von „Dero Ruhe" waren eher eigensüchtig, voll barocker, wenn auch wirkungsreicher Allüren, und schauten der Zeit selbstverständlich nicht so weit voraus.
Heute ist Karlsruhe Zentrum der Region Mittlerer Oberrhein, die 860 000 Einwohnern eine sichere Existenz bietet. Mit außerordentlicher Strahlungskraft bewältigt die Stadt mit rund 271 000 Bürgern (Ende 1982) wirtschaftliche und kulturelle Aufgaben, die weit über die regionalen Interessen hinausreichen. In der Nachkriegsepoche krönte sie ihren Ruf als einstige Großherzoglich-badische Residenz und als Landeshauptstadt bis 1945 mit der nationalen Würde, Sitz der obersten Gerichtsbarkeit, des Bundesverfassungsgerichts und des Bundesgerichtshofs

zu sein; so zieht sie als „Residenz des Rechts" die Blicke Europas mehr auf sich, als es die frühere Residenz- und Landeshauptstadt vermocht hatte.

ZUR BAUGESCHICHTE

Karl Wilhelm, dem man nachsagt, daß er ein Casanova gewesen sei, der seine Frau in Durlach sich selbst überließ, erwies sich als ein schöpferischer Geist, dem Vorstellung und Wille erlaubten, die Stadt nach seiner Idee zu verwirklichen. Der Gedanke an einen Schloßbau in der Ebene war zwar nicht neu, aber originell war Karl Wilhelms „barokker Traum" von einer fächerförmig angelegten, weiträumigen Siedlung, die geregelte Wohnlichkeit mit der Natur eng verbinden sollte: Mittelpunkt das Schloß und sein früher fast 60 m hoher Turm, die 32 strahlenförmig davon ausgehenden Straßen und Alleen von Adels- und Bürgerhäusern flankiert oder ins Freie geleitend — ein Gefüge also, das durchaus als Novität gegenüber anderen Stadtgründungen galt, und eine zeitgemäße Selbstdarstellung, die en miniature an den französischen „Sonnenkönig" erinnert, von den Mätressen Karls, die der Volksmund wegen der Vorliebe des Fürsten für Tulpen sehr bildhaft als Tulpenmädchen bezeichnete, ganz zu schweigen. Seiner Gärtnerleidenschaft ließ er mit herrlichen Blumen- und Boskettanlagen, vom Schloß ausgehend, zur Stadt hin sozusagen freien Lauf. Stand er auf seinem Turm, so hatte er nicht nur den Blick auf die nahen Gehege und auf das Leben und Treiben in den Straßen, sondern er konnte auch genau nach Süden bis zu den Schwarzwaldbergen jenseits von Ettlingen schauen. Die freie Natur an der Rückseite und an den Flanken des Schlosses, ehemals mit Fasanerie und anderen „Lustörtchen" ausgestattet, dieses prachtvollste und erholsamste Erbteil, das den „gemütsergötzenden" Einfällen des Stadtgründers zu verdanken ist, blieb Karlsruhe erhalten. Eine Art aktuelle Fortführung von dessen Liebhabereien war eine der ersten deutschen Bundesgartenschauen (1967); sie brauchte, zumindest im Schloßbezirk, nur auf den historischen Konzeptionen weiterzuwirken und das schöne Fragment gewesener Zeiten der Gegenwart anzupassen. Wer möchte noch daran zweifeln, daß Karl Wilhelms höchstpersönliche Gestaltungswünsche sich, von ihm keineswegs vorausgeahnt, als anregend, als imposant, als wohltuend für die spätere Bürgerschaft erwiesen hätten? Noch heute hat der architektonische Fächer der ursprünglichen Stadtbezirke, vor allem auch für fremde Gäste, nichts vom Reiz der Eigenwilligkeit verloren. Allerdings findet man in den alten, schmalen Straßen nur noch wenige der „auf Befehl" ein- oder zweistöckig errichteten Häuser. Hier und dort haben geschickte Restaurierungen Anklänge ans Gewesene wiederbelebt. Und gäbe es wie einst keinen Autoverkehr, so würde der erfrischende Atem des Hardtwaldes bis in diese „Sternstraßen" hineinwehen ...

VOR DER WENDE ZUM 19. JAHRHUNDERT,
als der spätere erste Großherzog, Karl Friedrich, mit aufgeklärter Toleranz regierte, begann für Karlsruhe jene Epoche, die sein Erscheinungsbild unauslöschlich prägen sollte. Die angesehene süddeutsche Residenz zählte zu den beliebtesten Musenhöfen; Dichter und berühmte Gelehrte, wie Voltaire, Herder, Goethe, Klopstock, Hebel, Johann Georg Schlosser, die Jacobis, Lavater, Jung-Stilling, Wieland, der Komponist Gluck sowie Künstler und Diplomaten vieler Länder gingen am Hofe ein und aus. Als jedoch 1806 aus den markgräflichen Teilstücken der badischen Besitztümer durch Napoleon ein festgefügtes Großherzogtum geschaffen worden war, das vom Main bis zum Bodensee reichte, fehlte es der kleinen Stadt an entsprechender baulicher Substanz. Man hatte das Glück, den Karlsruher Architekten Friedrich Weinbrenner (1766—1826) als Oberbaudirektor einsetzen zu können. Weinbrenner war der Schöpfer eines durchaus eigenständigen oberrheinischen Stiles, der sich zwar an südlich-klassizistischer Art orientierte, der aber die verhaltene, ein wenig pastorale Atmosphäre der Oberrheinniederung in seine Vorhaben einfließen ließ und ihnen so einen adlig zurückhaltenden Ausdruck gab. Er war beauftragt, der Residenzstadt eine „großherzogliche Angemessenheit" zu verleihen und ging trotz der geringen zur Verfügung stehenden Mittel mit Eifer an die Durchführung seiner Pläne.

Eines seiner Lieblingsvorhaben war die „Via triumphalis", eine unvollendet gebliebene Erinnerung an seine Eindrücke in Rom. Diese imposante Nord-Süd-Achse (einst Schloß-, heute Karl-Friedrich-Straße), die dem Stadtgründer vermutlich eine landesherrliche Liebeserklärung entlockt hätte, bestimmt noch jetzt die Ausgewogenheit des alten Stadtkerns. Vom Schloßturm aus gesehen wird sie von mehreren Blickfängen akzentuiert: vom wahrhaft fürstlichen Denkmal Karl Friedrichs (von Ludwig von Schwanthaler, 1844), der seine Augen nicht dem Schloß, sondern der Stadt seiner Bürger zuwendet; dann von der Grabpyramide des Stadtgründers (1823) weiter in gerader Fortsetzung vom Brunnenstandbild Großherzog Ludwigs (von A. Raufer, 1833); schließlich von der Verfassungssäule (1826) — und würde das Ettlinger Tor als südlicher Abschluß noch bestehen, so fände man hier Weinbrenners städtebaulichen Querstrich von Ost nach West, heute die teilweise unterführte Kriegsstraße. Die einst verhaltene Pracht des Torsos der „Via triumphalis" vom Schloßbezirk bis zum verkehrsreichen Knotenpunkt Ettlinger Tor ist trotz der schönen Relikte nicht mehr wahrzunehmen. Geblieben sind der quadratische Marktplatz, der mit den flankierenden Großbauten des Rathauses und der gegenüberliegenden imposanten Evangelischen Stadtkirche in ein Rechteck übergeht, und der Rondellplatz, knapp zweihundert Meter südlich. Weinbrenners Ideen haben im Zusammenklang dieser gedrängten Architekturelemente einen künstlerischen Höhepunkt erreicht: Auf das Quadrat des Marktplatzes mit der Pyramide folgt das Rechteck, um dann mit einem runden Platz die innere Verbindung zum Schloß zu schaffen, gleichzeitig aber auch die familiäre fürstliche Alliance zwischen Schloß und erbgroßherzoglichem Markgrafenpalais am Rondell. So setzte er die Schwerpunkte, so gab er Karlsruhe die klassische Heiterkeit, von der Heinrich von Kleist und andere schwärmten, und so brachte er gewissermaßen die Harmonie zwischen Fürst und Bürger zum Ausdruck.

1980 wurde der — fast — verkehrsfreie Marktplatz mit gemusterter Bepflasterung wieder zu einem bemerkenswerten, wenn nicht zu einem der schönsten historischen Plätze im deutschen Südwesten, gestaltet. (Frühere bauliche Entgleisungen am Rande sollte man übersehen.) Die Evangelische Stadtkirche (1807—16) mit ihren Nebenbauten und das Rathaus (1805—25) strahlen wieder südliche Klarheit aus. Sie wird optisch wohltuend pointiert von der Pyramide, vom Brunnendenkmal des Großherzogs Ludwig und von der Verfassungssäule. Aus dem rötlichen Buntsandstein des Nordschwarzwalds gefügt, erinnern sie an die Nähe des landschaftlich prächtigsten Teils der badischen Lande, an das vielgestaltige und erholsame Mittelgebirge, das im internationalen Jargon „Black Forest" oder „Forêt Noire" heißt.

Nach den Zerstörungen des Krieges

war von den bedeutendsten Weinbrenner-Bauten so gut wie nichts mehr zu sehen; um so vordergründiger offenbart sich nun nach jahrzehntelangem Wiederaufbau die Schönheit dieser innersten Stadtanlage. Die übrigen Bauten Weinbrenners — vor allem die Katholische Stadtkirche St. Stephan (1808—14), die Staatliche Münzstätte (1826—27) in der Stephanienstraße und hier auch einige hervorragende Adels- und Bürgerhäuser mit ihren strahlenden Fassaden und weiten Toren — geben noch einen Eindruck von der in sich ruhenden und bergenden Ausgewogenheit Weinbrennerscher Architektur.

Vom Schloß standen 1945 nur noch die Mauern; auf wohltuende Weise konnte es 1955—60 wieder aufund ausgebaut werden. Seitdem der Grundstein 1715 gelegt worden war, galt es für mehrere große Architekten als reizvolles Objekt, weil der älteste, teilweise aus Holz geschaffene Bau schon nach dreißig Jahren erneuerungsbedürftig geworden war. Unter anderem wirkten Balthasar Neumann und Leopoldo Retti mit, nachdem Friedrich von Keßlau die Bauleitung nach einer Kombination verschiedener Entwürfe übernommen hatte, bis Wilhelm Jeremias Müller 1772—85 die endgültige Gestalt schuf. Bereits 1758 hatte Voltaire während seines Besuches im Schloß gewohnt und die „mit unendlichem Geschmack ausgestaltete Einrichtung" gelobt. Übrigens gehörte zu den vielen Bewunderern des neuen Schlosses mit seinen „flügelhaft ausholenden Flanken" auch der spätere dritte Präsident der Vereinigten Staaten, Thomas Jefferson; er hatte 1788 als Gesandter von Paris aus eine Deutschlandreise unternommen und das Karlsruher Schloß als „das beste" bezeichnet, das er auf dieser Reise gesehen habe. So jedenfalls steht es in seinen 1829 erschienenen Erinnerungen.

Heute

beherbergt das Schloß sinnvollerweise das voluminöse, modern ausgestattete Badische Landesmuseum, das auch Wechselausstellungen und musischen Veranstaltungen Raum bietet. Seine vielseitigen Schätze aus Kunst und Kultur der südwestdeutschen Region, ur- und frühgeschichtliche Funde, Denkmäler aus der Römerzeit, oberrheinische Plastik, Glasmalereien, badische Volkskunst, Durlacher Fayencen usw. sowie die berühmte vorderasiatische Trophäensammlung des Markgrafen und Reichsfeldmarschalls Ludwig Wilhelm (genannt „Türkenlouis"), das Münzkabinett oder die Sammlungen griechischer Kunstkeramik haben es über die Grenzen hinaus bekannt gemacht.

Der fächerförmige Grundriß der alten Stadtviertel hielt allen späteren baulichen Veränderungen stand.

Der Schloßbezirk mit seiner Parkumgebung wird zwar immer mehr in den pulsierenden Strom der stetig wachsenden Stadt einbezogen; aber er behauptet dennoch seine Distanz zu den Hauptverkehrsadern. In unmittelbarer Nähe des Schlosses steht an der Stelle des zerstörten Hoftheaters das Gebäude des Bundesverfassungsgerichts, das bis 1969 im Palais des Prinzen Max von Baden, des letzten Kanzlers des Kaiserreiches, in der Karlstraße sein Domizil hatte (heute Stadtgeschichtliche Sammlungen).

Zum Schloßbezirk gehört auch der Monumentalbau der Staatlichen Kunsthalle (von Heinrich Hübsch, 1836—45; 1893—96 von Josef Durm erweitert). Ihre Sammlungen genießen europäischen Ruhm, der dem Kunstsinn etlicher badischer Fürsten seit dem 16. Jahrhundert, vor allem der Markgräfin Karoline Luise, der ersten Frau Karl Friedrichs, zu danken ist. Aus den Anfängen stammen bedeutende Werke niederländischer, französischer und oberrheinischer Malerei; Rembrandt und Grünewald überragen gewiß den ohnehin hohen Anspruch dieser zwischen Paris und München bedeutendsten Gemälde- und Kupferstichsammlungen. Was die jüngste Zeit durch laufende Bereicherungen stiftete, zeugt von der hohen Verpflichtung auch gegenüber modernen Kunstepochen, von denen sich die fürstlichen Mäzene und die späteren Direktoren leiten ließen — der berühmteste war Hans Thoma. Diesem großen heimatlichen Meister ist ein Gedenkraum gewidmet; ebenso sind seine namhaftesten Zeitgenossen reichlich vertreten. Auch das benachbarte Orangeriegebäude wurde in den Sammlungskomplex, zum Teil mit Gegenwartswerken, einbezogen.

Es ist in diesem Rahmen nicht möglich, all jene Karlsruher Bauten vorzustellen, die während der relativ kurzen Stadtgeschichte das historische Bild prägten, das bis etwa 1830 einen überregionalen Eigenwert offenbarte, der von sich reden machte. Dies war das Verdienst Weinbrenners. Mit seinem Tode endete die klassizistische Bauepoche; weitere große Pläne des auch von Goethe während seines letzten Besuchs 1815 gepriesenen Architekten wurden aus Gründen fürstlicher Sparsamkeit ad acta gelegt. Weinbrenners Schüler aber, vor allem Friedrich Arnold, setzten noch eine Weile die Bautätigkeit in seinem Sinne fort.

Wenn wir uns seit kurzem an dem Weinbrenner-Stadtkern wieder erfreuen können, so haben wir nicht nur den städtischen und staatlichen Initiatoren zu danken, sondern für erhebliche ideelle Vorleistungen auch der Ortsgruppe des traditionsfreudigen Landesvereins Badische Heimat unter dem Vorsitz des Verlegers Dr. Eberhard Knittel. (Einer seiner unmittelbaren Vorfahren hatte übrigens zu Pfingsten 1816 als Großherzoglicher Kirchenrat die Weihe der Evangelischen Stadtkirche vorgenommen.) Ihm und seinen Beratern ist es nicht zuletzt zu danken, daß das markgräfliche Palais (von Weinbrenner, 1803—14) nach der Zerstörung von 1942 wiederaufgebaut wurde und das einstige Weltziensche Haus am Karlstor erhalten blieb (vermutlich von Weinbrenner, 1822—23).

Die Umwertung geistiger, politischer und gesellschaftlicher Zustände, das schnelle Aufblühen der Technologien und junger Industrien, die erste Eisenbahn und der Ausbau der Behörden noch vor der Mitte des 19. Jahrhunderts bestimmten im Innern wie im Äußern auch das hastige Wachstum. Noch wirkten Weinbrenner-Schüler, doch sie gingen eigene Wege, und bis zur Wende zum 20. Jahrhundert entstand städtebaulich ein Mosaik verschiedenster Stilrichtungen, die den klaren Konzeptionen Weinbrenners gewissermaßen das Ansehen verdarben. Wir können sie hier nicht alle erwähnen, doch sei neben Heinrich Hübsch, dem wohl anpassungsfähigsten Baumeister, wenigstens Karl Joseph Berckmüller erwähnt, der den einst wohlgegliederten Friedrichsplatz gestaltete; sein (veränderter) Bau der heutigen sehr sehenswerten Landessammlungen für Naturkunde und die Arkadenbauten gegenüber dürfen zu seinen Glanzleistungen gezählt werden. Auch Heinrich Lang profilierte sich kurz vor den Gründerjahren mit den Bauten des einstigen Lehrerseminars — der jetzigen Pädagogischen Hochschule — und der Gymnasien. Staat und Stadt zögerten aus gutem Grund nicht, die Bildungsstätten als vorbildlich zu präsentieren, denn es war allgemein bekannt, daß z. B. das heutige Bismarckgymnasium die Nachfolge des Durlacher „Gymnasium illustre", 1586 von Markgraf Ernst Friedrich als eine der ältesten Schulen Mitteleuropas gegründet, angetreten hatte. Weniger bekannt aber ist, daß der liberal fortschrittliche Geist der badischen Fürsten „bereits" 1893 ein Mädchengymnasium in eine Welt setzte, die bis dahin wenig Emanzipierungsinteressen zeigte; durch dieses viel bewunderte Institut war erstmals in Deutschland die Voraussetzung zur Hochschulzulassung der Frauen ab 1904 gegeben worden.

Karlsruhe ist bis heute eine schul- und bildungsfreudige Stadt geblieben: An die 12 000 Studierende bevölkern allein die Universität Fridericiana mit ihren ausgedehnten, modernen Instituten; einige tausend studieren an den Fachhochschulen. Der Bedeutung dieser kulturellen Einrichtungen entspricht eine gewisse optische Vorherrschaft ihrer Bauten rings um den Stadtkern und bis hinein in die grünen Waldbestände östlich und westlich des Schloßbezirks.

Mit der Industrialisierung in der zweiten Hälfte des vergangenen Jahrhunderts veränderte sich das Stadtbild vor allem in den erheblich erweiterten südwestlichen und westlichen Außenbereichen zum Rheinstrom hin, so daß hier am jungen Karlsruher Hafen bald ein Stadtbezirk für sich entstand.

Doch im überkommenen Stadtinnern wurden mit wachsendem Wohlstand und hauptstädtischen Verwaltungseinrichtungen neue Akzente gesetzt. Die Bauherren aus der bürgerlichen Oberschicht, die adligen Hofbeamten und hohen Militärs, die Unternehmer der blühenden jungen Industrie brauchten ebensowenig zu geizen wie die neue Elite der Kunst-, Musik- und Technikprofessoren, der Theaterintendanten oder des Diplomatenkorps. Die Alleen wurden mit mehr oder weniger pompösen Villen bestückt; vor allem im Westen und rings um brunnengezierte Parkanlagen entstanden palaisartige Wohnsitze und Repräsentationsbauten, weitere Gymnasien wurden erforderlich, der Jugendstil lebte sich auf Karlsruher Art aus, und Pseudobarock und Pseudorenaissance bewirkten bis etwa 1900 ein heute denkmalgeschütztes architektonisches Konglomerat, das unübersehbar residenzlerische Entfaltung und Wohlhabenheit dokumentiert.

Stellvertretend für viele seien nur ein paar zentrale Bauten des Architekten Josef Durm genannt: das etwas erhöht liegende ehemalige Erbgroßherzogliche Palais an der Kriegsstraße (jetziger Sitz des Bundesgerichtshofs mit neuzeitlichen Erweiterungsbauten), das Palais Prinz Max an der Karlstraße, die Staatliche Akademie der Bildenden Künste, Ecke Reinhold-Frank- und Moltkestraße, das Städtische Vierordtbad in der Ettlinger Straße. Als wohltuender und sachlicher erwiesen sich in der Folge die Groß- und Privatbauten Hermann Billings, wie beispielsweise die Oberpostdirektion am Ettlinger-Tor-Platz, und noch kurz vor dem Ersten Weltkrieg die Gestaltung des Bahnhofs- und Festplatzes durch verschiedene Architekten (August Stürzenacker, Wilhelm Vittali, Curjel + Moser). Neue eigene Wege ging der im Ersten Weltkrieg gefallene Friedrich Ostendorf, und später erregte Walter Gropius einiges Aufsehen mit seinen Gartenstadtplanungen, schon von Ostendorf angeregt, die in der Ausführung noch heute im südlichen Stadtteil Rüppurr und Dammerstock zumindest durch ihre gartenverbundenen Anlagen erfreuen.

Doch diese Epoche liegt über ein halbes Jahrhundert zurück, die „glücklichen alten Zeiten" Hans Thomas und des Architekten Josef Durm fast hundert Jahre.

DAS JETZIGE STADTBILD

hat sich im Gegensatz zu einigen anderen, älteren badischen Großgemeinden so auffallend verändert, daß nur einem Altkarlsruher die Einbrüche der Gegenwart seit etwa 1950 als „schmerzlich" erscheinen mögen. So ist das „Dörfle" neuesten Bauten gewichen, so wurden nach und nach die einstigen Stadttore beseitigt, an die nur noch Kreuzungsnamen erinnern. Jede Epoche und vor allem die Zukunft fordern ihren Tribut. Doch Karlsruher Gäste, die zum erstenmal hier weilen, werden die großzügigen Schloßanlagen oder den Stadtgarten mit all seinen liebenswerten Funktionen, den neugestalteten Festplatz mit der Schwarzwald-, Nancy- und Stadthalle als Kongreß- und Ausstellungszentrum, das historische Herz rings um den Marktplatz, die aufgeschlossene Modernität zentraler Bauten, zum Beispiel das Staatstheater oder die Universitätsgebäude — ja, das große Wildparkstadion, die Freibäder vom Rheinstrand bis zum sieben Kilometer entfernten Stadtteil Durlach und überhaupt das „viele nahe Grün" und den unmittelbaren Anschluß an die Autobahnen Frankfurt—Basel und Karlsruhe—Stuttgart—München als entgegenkommende und bequeme Gegebenheiten begrüßen, ganz abgesehen von der Nachbarschaft der einstigen kleinen Residenz Ettlingen mit ihrer erholsamen Albtalumgebung bis hinauf nach Bad Herrenalb.

OBERRHEINMETROPOLE MIT IDYLLEN

Den Wirtschaftsexperten ebenso wie dem Management der Treibstoffindustrie oder der Kernforschung wird es nicht unbekannt sein, daß neben Weltfirmen wie z. B. Siemens das erste und größte deutsche Kernforschungszentrum im Norden der Stadt bei Leopoldshafen und Ölraffinerien mit einem eigenen Hafen als End- und Umschlagstation der Pipeline von Marseille her die Großstadt Karlsruhe „am Schwarzwald und Rhein" zum wichtigsten Zentrum am Oberrhein neben Mannheim—Ludwigshafen heranwachsen ließen.

Ein Überblick über die städtebauliche Entwicklung wäre unvollständig, würde man nicht einige eingemeindete Vororte berücksichtigen, die erheblich älter sind als Karlsruhe selbst. So wird beispielsweise die Kirche in Grötzingen auf 1255 datiert, der Turm

der evangelischen Pfarrkirche in Grünwettersbach stammt aus der Zeit um 1100, das Schloß Augustenburg in Grötzingen weist seine Anfänge ins 15. Jahrhundert zurück, ebenso Teile der Kirche in Knielingen. Südlich im Stadtgebiet gab es ein Schloß Ripperg (seit langem ist der Stadtteil Rüppurr danach benannt). Im Westen lag das Schloß Mühlburg (Sitz des Markgrafen Wilhelm Ludwig), nach der jetzige verkehrsreiche Stadtteil getauft wurde.

Die einstige Residenz des Stadtgründers und seiner Vorfahren war seit 1565 Durlach gewesen; bis dahin hatte man von Pforzheim aus regiert. Den Turmberg (250 m), der den äußersten Nordzipfel des Schwarzwalds markiert, krönte eine Stauferburg; bereits um 1200 hatte die Siedlung staufische Stadtrechte erhalten. In Durlach erhielt sich neben Resten des unvollendet gebliebenen Markgrafenschlosses (16. und 17. Jahrhundert, heute Pfinzgaumuseum) auch noch das Basler Tor als Teil der Befestigungen aus dem 16. Jahrhundert und das stolz anmutende Rathaus (von Johann Heinrich Schwartz, 1714—16; 1845 renoviert). Die 1689 zerstörte evangelische Stadtkirche wurde nach Plänen Domenico Egidio Rossis 1698—1700 neu gebaut. Südwestlich dieser ursprünglichen Residenz sehen die Relikte des oft zerstörten Schlosses Gottesau einer völligen Wiederherstellung entgegen; einst stand hier ein 1094 gestiftetes Benediktinerkloster. Die Franzoseneinfälle von 1689, die am Oberrhein von der Weinstraße über die Kurpfalz bis vor die Tore Basels spätmittelalterliche Pracht zerstörten, hatten auch im Bereich um das heutige Karlsruhe ihre Opfer gefunden.

Nicht zu übergehen ist Schloß Scheibenhardt am Autobahnzubringer Rheinhafen/Ettlingen, das sich des Stadtgründers Vetter, Markgraf Ludwig Wilhelm, 1699—1702 von Domenico Egidio Rossi als Jagdschloß ausbauen ließ. (Es war seit 1541 im Besitz der katholischen Baden-Badener Linie der Markgrafen; da sie 1771 erlosch, fielen ihre Landesteile an die Durlacher, nun Karlsruher Verwandten, dazu allerdings auch erhebliche Schulden.) Ebenso blieb ein anderes Jagdschloß, Stutensee, als Pendant erhalten, das sich Friedrich V. von Baden-Durlach 1652 nördlich des Hardtwaldes errichten ließ, und das später von Leopoldo Retti und Johann Heinrich Arnold als repräsentativer Landsitz modernisiert wurde.

Das Stadtgebiet umfaßt gegenwärtig an die 18 000 ha; es zieht sich im Südosten bis auf die ersten Schwarzwaldhöhen, z. B. mit der modernen Bergwaldsiedlung, grenzt im Westen an den Rhein, verläuft im Norden ins fruchtreiche Niederungsgebiet und im Osten ins Pfinztal. Daß sich in den ältesten jetzigen Außenbezirken mit ihren teilweise noch idyllisch erhaltenen Ortskernen, akzentuiert von gefällig restaurierten Fachwerkhäusern, auch die modernen Bauten Platz schufen, ist Ausdruck einer expansionsfreudigen Großstadt. Die architektonischen Lebensringe der Gegenwart bieten völlig neue Blickfänge, so daß sie den historischen Teil, von außen gesehen, kaum noch erkennen lassen.

KULTURELLE UND WISSENSCHAFTLICHE BEREICHE

Am Anfang des 18. Jahrhunderts hatte bereits der in Durlach 1688 geborene Barockdichter und Rechtsgelehrte, dazu markgräflicher Archivar Karl Friedrich Drollinger den jungen Ruhm der gerade gegründeten neuen Residenz in alle Lande hin verkündet. Aber erst ab etwa 1770 bis 1830, als nicht nur das äußere Antlitz der Residenzstadt geprägt wurde, sondern in denen auch die kulturelle Substanz über die Grenzen hinaus zielte, bewies sie sich als unverhofft beachtenswert. Wir erwähnten schon berühmte Gäste und ansässige „Würdenträger des Geistes und der Musen"; wir denken an Heinrich von Kleists Äußerung, daß diese Stadt „klar und lichtvoll wie eine Regel" gebaut sei, oder an Ludwig Richters Bemerkung, er habe sich hier in einem „Klein-Petersburg" befunden. Ein hessischer Prinzenerzieher schwärmte 1757: „Alle Künste wohnen zu Karlsruhe, und die Frau Markgräfin [Karoline Luise] ist

eine Minerva..." Andere Loblieder sind bekannt. Des Hohenloher Karl Julius Webers satirische Bemerkung: „Am schönsten nimmt sich Karlsruhe aus — auf dem Plane" soll jedoch ebensowenig verschwiegen werden wie Goethes „Langeweile" von 1779. Ihm stand seine Nichte Lulu, die älteste Tochter seiner Schwester Cornelia, nicht nach. Mit ihrem wiederverheirateten Vater, dem Dichter, reformerischen Physiokraten und nun Geheimen Hofrat Johann Georg Schlosser, vormals markgräflicher Oberamtmann in Emmendingen, wohnte sie „mit lebendiger Hofhaltung" (1787 bis 1794) in einem der Zirkelbauten am Schloßplatz. 1793 schrieb die Achtzehnjährige: „Carlsruhe ist würklich tot! Ich mag auch hinkuken, wohin ich will, nichts — keinen halben vernünftigen Menschen... Im Zirkel ist es doch etwas besser... denn außer Carlsruher passiren auch noch manche halb, und manche ganz verwelkte Vergißmeinnichte" (sie meinte österreichische Militärs der alliierten Rheinarmee).

Wir fügen diese Anmerkungen einer hochgestellten jungen Karlsruherin von damals nur ein, um betonen zu können, daß dennoch die Bürger durchaus Gelegenheit hatten, sich „kulturell zu delectieren". Und so blieb es schließlich bis heute.

Erinnert sei an die Kunst- und naturkundlichen Sammlungen, die auf Karoline Luises leidenschaftlicher Sammlertätigkeit basierten, an die Hofbibliothek mit unschätzbaren Erwerbungen und Zuschreibungen, vor allem nach der Säkularisation von 1806 (von der heutigen Badischen Landesbibliothek gehütet und verwaltet). Erinnert sei auch an die zum Teil noch heute in Familienbesitz befindlichen Buchdruckereien und Hofbuchhandlungen wie Christian Friedrich Müller (seit 1797) oder das weitgefächerte Verlagsunternehmen Gottlieb Braun (gegründet 1813, seit 1837 im Besitz der Familie Knittel), die verlegerische Novitäten auf den Markt brachten, oder an die Macklotsche Druckerei, die durch Goethes Irrtum zeitgenössischen Ruhm erlangte, weil der Dichter, falsch informiert, annahm, Macklot

1) Markgräfin Karoline Luise von Baden (Sign.: J/Aa:K:51)
2) Markgraf Karl Friedrich, erster Großherzog von Baden
3) Ingenieur-Obrist Johann Gottfried Tulla (Sign.: J/Ac T3)
4) Carl Friedrich Benz (Sign.: J/Ac B194)
5) Oberbaudirektor Friedrich Weinbrenner (Sign.: A/Ac:W:28)
6) Carl Friedrich Drais von Sauerbronn (Sign.: J/Ac D17)
7) Robert Gerwig (Sign.: J/Ac G74)
8) Karl Christian Gmelin (Sign.: J/Ac:G:115)

1	2	3
4	5	6
7	8	

1) Johann Peter Hebel (Sign.: J/Ac:H:40)
2) Karl Friedrich Drollinger
3) Heinrich Jung-Stilling (Sign.: J/Ac F13)
4) Joseph Victor von Scheffel
   (Sign.: J/Ac S58)
5) Hans Thoma (Sign.: J/Ac T9)
6) Karl Hofer
7) Marie-Luise Kaschnitz
8) Alfred Mombert (Sign.: J/Ac M113)

1	2	3
4	5	6
	7	8

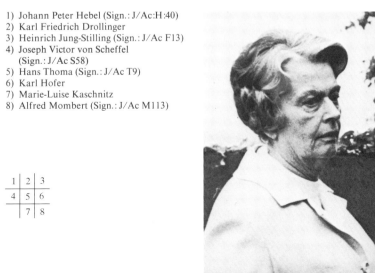

habe seine Werke unerlaubt nachgedruckt; tatsächlich war es der Karlsruher Drucker Schmieder. 1818, als es in Karlsruhe erst 32 Straßenzüge gab, von denen etliche Teile noch unbebaut waren, erschien als „Wegweiser" erstmals das — jetzt voluminöse — Karlsruher Adreßbuch. Diese „Erstausgabe" zählt, nach Straßen und Namen geordnet, die gesamte Einwohnerschaft auf — einschließlich der Mitglieder des Fürstenhauses nicht einmal 3500 — und ist ein amüsantes kultur- und sozialgeschichtliches Dokument. Dann sei an die Zeit des preußischen Gesandten Varnhagen von Ense vor 1820 erinnert, dessen geistvolle Frau Rahel hier und in Baden-Baden die kulturvolle Sitte der literarischen Salons einführte, als das Theater- und Musikleben neue Impulse erhielt. Nicht zu vergessen ist Rahels Bruder Ludwig Robert, ein erfolgreicher Bühnendichter und satirischer Gesellschaftskritiker, der nicht nur als Autor in Gottlieb Brauns „Rheinblüthen" auftrat, sondern diese Almanache auch zeitweise gemeinsam mit seiner Frau Friederike, Schwester des Verlagsgründers Gottlieb Braun, redigierte und der als geistvoller Unterhalter der Markgräfin Amalie am Hofe beliebt war. Schließlich brachten die Revolutionsvorboten ebensoviel politische wie literarische Unruhe ins Land, bis das beschwichtigte Bürgertum mit jungen Dichtern wie Ludwig Eichrodt oder Karl Friedrich Vierordt aufwarten konnte, von dem produktiven Sänger und Romancier Viktor von Scheffel — zu seiner Zeit ein Bestsellerautor — ganz zu schweigen. In unsre Gegenwart hinein ragt der beliebteste Lokalpoet, der mit dem verbalen Kolorit des „Brigandedeutsch" artistisch umzugehen verstand — er nannte sich „Romeo" (Fritz Römhildt). Die kurze Reihe der wahrhaft dichterischen Größen Karlsruhes begann mit Karl Friedrich Drollinger, führte über die tragische Gestalt der Karoline von Günderode und den Nicht-Karlsruher Johann Peter Hebel bis zu den oben genannten Poeten und endet vorerst — um nur die Namen der Toten zu erwähnen — bei Alfred Mombert und Marie Luise Kaschnitz.

MUSISCH-GEISTIGE GLANZZEITEN

wie vor 1800 und bis zur 48er Revolution wiederholten sich dann in der zweiten Hälfte des vergangenen Jahrhunderts, insbesondere im Theater- und Musikleben mit seinen empfindlichen Organismen. Ihre Existenz und Leistungen werden bekanntlich weitgehend von der Mentalität der Stadt mitgeprägt, in der sie eine kulturell-gesellschaftliche Verpflichtung für sich beanspruchen. So entwickelte sich aus dem Hoftheater im Auf und Ab der Epochen das Badische Staatstheater. Höhepunkt der alten Zeit war die Ära unter Eduard Devrient in der zweiten Hälfte des vorigen Jahrhunderts; er leitete von 1852 bis 1870 mit steigenden Erfolgen das neu erbaute Hoftheater. Hundert Jahre früher hatte der „Kapellmeister" und Komponist Johann Michael Molter das Hoftheater im östlichen Schloßflügel „zum Erklingen" gebracht. Aus der Zeit des Wagner-Enthusiasmus wird Felix Mottl gern als der geniale Dirigent der großen Oper beschworen; seine nachschöpferische Kraft beeinflußte das Karlsruher Musikleben für viele Jahre, so wie Devrients Enthusiasmus die Schauspielkunst. Heute präsentiert sich das Badische Staatstheater nach fast drei Jahrzehnten des Provisoriums — aus dem allerdings, aus der Not geboren, unvergeßliche Erlebnisse haften blieben — in dem großen Neubau (von Helmut Bätzner, 1970—75) am Ettlinger-Tor-Platz, in dem vielseitige Funktionen vereint wurden. Nicht unbeachtet sollen die Privattheater sein, als älteste die „Insel" und das „Kammertheater". Daß eine jüngere Generation mit mehreren, auch lokal- und dialektbetonten „Bühnchen" experimentierfreudig ihr Dasein behauptet, zeugt von der Theaterverbundenheit der vielschichtigen Karlsruher Bürgerschaft.
Dieser Bürgerschaft ist auch die permanente Unterstützung zahlreicher sozialer, kirchlicher oder mu-

sisch engagierter Stiftungen, Vereine und Institutionen zu verdanken; man denke nur an den über 160 Jahre alten Badischen Kunstverein, an den 1965 gestifteten Hermann-Hesse-Preis und andere Kultur- und Kunstpreise.

Höchstgestellter Mäzen war Großherzog Friedrich I., der es nach den Erschütterungen der Revolution von 1848/49 als landesväterliche Pflicht empfand, neue geistige Kräfte wecken zu helfen, die zur Sammlung und Beruhigung beizutragen vermöchten. Zur Förderung der Wissenschaften und der Kunst rief er die Akademie der Bildenden Künste ins Leben. Als Institution sinnvoller Kunstpflege war sie nach einigen Jahrzehnten aus dem Geschichtsbild der deutschen Kunst in der zweiten Hälfte des 19. Jahrhunderts nicht mehr fortzudenken. Meister und Schüler wie Johann Wilhelm Schirmer, Carl Friedrich Lessing, Leopold Graf von Kalckreuth, Anselm Feuerbach, Hans Thoma, Wilhelm Trübner, Albert Haueisen, Ernst Babberger, Carl Hofer, Erich Heckel, HAP Grieshaber oder Georg Meistermann — um nur einige zu nennen — festigten die Bedeutung der Akademie bis in unsere Zeit hinein.

Daneben belebt die Staatliche Hochschule für Musik als Äquivalent zur Akademie das Musikengagement weit über Karlsruhe hinaus. Und das eigenschöpferische Kunsthandwerk versammelte beachtenswerte Kräfte in der Majolika-Manufaktur, die in gewissem Sinne als moderne Nachfolgerin der 1840 aufgelösten historischen Durlacher „Fayence-Porcellaine" gelten darf. Kein geringerer als Hans Thoma hatte „die Majolika" mit aus der Taufe gehoben, an der auch der bedeutende Keramiker Max Laeuger wirkte.

Die Wissenschaften, so heißt es hier und da, seien in Karlsruhe immer nur „träumend im Schatten der Musen" gelegen. Tatsache aber ist, daß schon Markgraf Karl Friedrich, unterstützt von Hofrat Johann Georg Schlosser, höchst aktuelle und avantgardistische Schriften und Verordnungen auf dem Gebiet der Landwirtschaft oder soziologische Studien zum Schulwesen verfaßte, die über die Grenzen seines Landes hinaus bekannt wurden. Als erster deutscher Fürst hob er 1793 die Leibeigenschaft auf. Der Naturwissenschaftler Karl Christian Gmelin, der das „Naturalien-Cabinett" der frühverstorbenen hochbegabten Markgräfin Karoline Luise auszuweiten und fachlich zu untermauern verstand — selbst der alte Goethe ließ sich von ihm beraten —, gehört gleichfalls zu jener respektablen Reihe Karlsruher Wissenschaftler, die schließlich durch ihr Wirken an der ältesten deutschen Technischen Hochschule (1825 als Polytechnische Schule gegründet) teilweise Weltruhm erlangten. Die jetzige Universität Fridericiana zehrt noch heute von berühmten Namen: Hier wirkten der Chemiker Fritz Haber, der Entdecker der elektromagnetischen Wellen Heinrich Hertz, die Maschinenbauer Ferdinand Redtenbacher und Franz Grashof, der Bauingenieur Robert Gerwig, der die Linienführung der St.-Gotthard-Bahn vollendete und die tunnelreiche schöne Schwarzwaldbahn (1866—73) entwarf und ausführte. Karl Benz, Zeitgenosse Gottfried Daimlers, der 1878 den Gasmotor entwickelte, war ein Karlsruher Kind. Und jener versponnene ansässige Tüftler Freiherr von Drais, der das Lauf-Zweirad ausklügelte, „um schneller vorwärtszukommen", hätte seine helle Freude an der neuerlichen Wiederentdeckung des Fahrrads, nachdem er von Zeitgenossen als „Spinner" verlacht worden war . . .

Kurzum: in Karlsruhe reichen und reichten sich von allem Anfang an die Musen und die Wissenschaften die Hände. Auch auf dem internationalen Feld der Medizin spielt Karlsruhe als Standort des jährlichen Symposions der Ärzte, der „Deutschen Therapiewoche", verbunden mit einer Heilmittelausstellung, seit über 30 Jahren eine wichtige Rolle. Diese „junge Visitenkarte" hat der Stadt neben allen anderen überlokalen Institutionen eine „eigene" Würde auf dem Gebiet der Wissenschaft verliehen.

Aktuelle Informationen

Kulturelle Einrichtungen
Badisches Staatstheater (1495 Plätze)
8 Privattheater (700 Plätze)

Staatliche Kunsthalle, Hans-Thoma-Straße
Badisches Landesmuseum im ehemaligen Residenz-schloß
Landessammlungen für Naturkunde, Friedrichs-platz
Pfinzgaumuseum, Schloß Durlach
Badische Landesbibliothek, Lammstraße
Badischer Kunstverein, Waldstraße
Stadtbibliothek, Karl-Friedrich-Straße
Oberrheinisches Dichtermuseum, Röntgenstraße
Stadtarchiv, Zähringerstraße
Städtische Galerie, Stadtgeschichte und Jugend-bibliothek im ehemaligen Prinz-Max-Palais, Karl-straße
Verkehrsmuseum, Werderstraße
Universitätsbibliothek, Kaiserstraße
Generallandesarchiv, Nördliche Hildapromenade

Bildungswesen
Universität Fridericiana, Kaiserstraße
Fachhochschule für Ingenieurwesen, Moltkestraße
Pädagogische Hochschule, Bismarckstraße
Staatliche Akademie der Bildenden Künste, Rein-hold-Frank-Straße/Moltkestraße
Staatliche Hochschule für Musik, Jahnstraße
Badisches Konservatorium für Musik, Jahnstraße
Verwaltungs- und Wirtschaftsakademie, Zähringer-straße
Volkshochschule e. V., Helmholtzstraße
Europäische Schule (führt zur europäischen Reife-prüfung, Baccalaureat, Schüler aus 20 Nationen), Albert-Schweitzer-Straße
14 Gymnasien
 9 Realschulen

 3 Berufliche Gymnasien
12 Berufsschulen
33 Berufsfach- und Oberschulen
36 Fach- und Technikerschulen

Gesundheitswesen
Klinikum Karlsruhe, Moltkestraße
Kinderklinik des Klinikums Karlsruhe, Karl-Wil-helm-Straße
Landesfrauenklinik, Kaiserallee
St.-Vincentius-Krankenhäuser — Akademisches Lehrkrankenhaus, Südendstraße/Steinhäuserstraße
Krankenhaus der Evangelischen Diakonissen-An-stalt — Akademisches Lehrkrankenhaus, Rüppurr, Diakonissenstraße
St. Marienkrankenhaus, Edgar-von-Gierke-Straße
5 Privatkliniken

Soziale Einrichtungen
41 Heime für alte Menschen
20 Studentenwohnheime
 7 Jugend- und Lehrlingsheime
rund 120 Kindergärten und Kinderkrippen
12 Schul- und Sonderschulkindergärten
18 Schülerhorte
36 Jugendorganisationen werden vom Stadtjugend-ausschuß betreut
Jugendherberge (ca. 140 Plätze)

Sport und Erholung
Bis an die City heranreichende Waldgebiete sowie ausgedehnte Parkanlagen und Grünzüge (ca. 370 ha), 273 ha Kleingärten, 630 ha Seen und Flüsse, 85 Brunnen
Stadtgarten mit Zoo, Schloßgarten, Botanischer Garten, Oberwald, Günther-Klotz-Anlage, zahlrei-che Parks
Campingplatz in Durlach

240 ha Spiel- und Sportfläche
5 Freibäder, 7 Hallenbäder
Wildparkstadion (46 000 Plätze), 104 Sportanlagen mit 169 Spielfeldern und leichtathletischen Anlagen, 94 Turn- und Sporthallen, 15 Tennishallen, 168 Tennisplätze, 10 Bootshäuser, Regattastrecke, 6 Reitsporthallen/-anlagen, Galopprennbahn, 19,5 km Trimm-Parcours
355 öffentliche Kinderspielplätze
Großsporthalle (bis 8000 Plätze), Eissporthalle; weitere Frei- und Hallenbäder in Bauvorbereitung
160 Sportvereine mit über 87 000 Mitgliedern

Geographische Fakten
49° nördlicher Breite, 8° 25′ östlicher Länge, 100 bis 321 m über NN, Marktplatz/Stadtzentrum: 115 m über NN

Städtische Rheinhäfen
Zweithöchster Umschlag im Bundesgebiet; höchster Mineralölumschlag aller europäischen Binnenhäfen, derzeitige Kapazität der Raffinerien ca. 16 Mio. t, 2 Hafenanlagen mit 7 Becken, 16 km Uferlänge, Personenschiffahrt

Einwohnerentwicklung
1950 rund 201 000, 1982 rund 271 000, davon 46 % evangelisch, 44 % römisch-katholisch

Kongresse, Ausstellungen, Veranstaltungen
Karlsruher Kongreß- und Ausstellungs-GmbH, Festplatz 3 u. 9 — Schwarzwald-, Garten-, Nancy- und Stadthalle

Fremdenverkehr
70 Beherbergungsbetriebe mit über 3200 Betten
Verkehrsverein Karlsruhe e. V., Bahnhofsplatz 6

Partnerschaften
werden unterhalten mit Nancy, Nottingham, Phoenix (Arizona/USA)

Als neueste weiterführende Literatur zur Entstehungs- und Baugeschichte Karlsruhes seien empfohlen: Joachim Göricke, *Bauten in Karlsruhe/Ein Architekturführer*, Heinz Schmitt, *Karlsruhe ehemals, gestern und heute* und Hubert Doerrschuck · Herbert Meininger, *Karlsruhe Stadtgeschichte und Bilddokumentation*

RÉSUMÉ IN ENGLISH

ON JUNE 15TH, 1715,

Markgrave Karl Wilhelm of Baden-Durlach, while in the forest between his former residence of Durlach and the Rhine, made the following announcement: he "had graciously decided to have a princely residence built, as a place of rest for the future". The first noblemen and other citizens came to settle in the new town without hesitating and took the solemn oath to participate in the construction of the new capital town. After they had taken that oath of loyalty, the foundation stone of "Carolsruhe" was laid and since then, its arms have had, as a reminder of its founding, the word "Fidelitas" written on them. But it was only much later and above all in the years after 1945 that the location of Karlsruhe, at the intersection of roads, waterways (the Rhine) and railways, as well as close to France, proved to be advantageous. For this town is now the centre of the middle upper Rhine, a region which provides a living to 860,000 inhabitants. Counting more than 271,000 inhabitants by itself, Karlsruhe has a great cultural and economic impact on the surrounding area, even beyond the borders of the state of Bade.

After the war Karlsruhe became still more famous thanks to the national honour which was bestowed upon her: she became the seat of the highest courts in the Federal Republic of Germany, the Supreme Court and the Federal Constitutional Court.

IN PLANNING KARLSRUHE,

Karl Wilhelm showed his baroque inventiveness by constructing a large fan-shaped city which offered harmonious housing well integrated with nature.

The castle was and is the central point at which the ribs of the fan, that is the 32 streets and alleys flanked by the houses of noblemen and wealthy citizens, converge.

Before the end of the 18th century, however, when the future first Grand-duke Karl Friedrich was reigning with a philosophy of enlightened monarchy, there began a period which was to mark the architecture of Karlsruhe forever.

Karlsruhe was counted among the most fashionable cities in southern Germany and at its court there existed a most active artistic and intellectual life.

When a permanent Grand-duchy, which stretched from the river Main to the Lake of Constance, was founded, the small town was lacking buildings commensurate with its importance. The city was fortunate enough to be able to appoint architect Friedrich Weinbrenner the head of the enterprise. He was the founder of quite a special style which is close to the classicism of the South. Several buildings built according to his designs are still standing: the Marketplace (Marktplatz) with its pyramid containing the grave of the founder of the town, flanked by the impressive buildings of the Town Hall and of the evangelical city-church, as well as the Rondell-Platz with the former Prince's palace, also the column of the Constitution, Saint-Stephan's church, the national Mint and some beautiful private houses of noblemen and well-to-do private citizens with their radiant façades and their wide portals.

AT THE END OF THE WAR,

in 1945, there was nothing left but the walls of the castle. It was rebuilt between 1955 and 1960, thanks to generous donations of the citizens. The foundation stone had been laid in 1715 and the castle took on its final form between 1772 and 1785. Today it contains the Badisches Landesmuseum, a modern and well-equipped museum. The huge building of the National Gallery (Kunsthalle) is nearby. The reputation of its collection has reached European dimension.

Important works of the Dutch, French and Upper-rhenish schools of painting were collected soon after the construction of the castle in the 18th century. The social, spiritual and political transmutation of values which occurred in the 19th century led to a quick growth here in Karlsruhe as everywhere else. In particular, several secondary schools and colleges were founded. On the whole, Karlsruhe has always been and still is a city in which school and education have been given a high priority. 12,000 students are enrolled in the "Fridericiana" University which succeeded the first superior technical school (T. H.), founded in 1825.

During the second half of the 19th century, industry changed the face of the town, above all in the outlying districts in the South-West and the West stretching to the Rhine. These parts of the town quickly developed into a separate district with its own recently built harbour.

The atmosphere of the historical centre changed as the economy developed and as a result of Karlsruhe's becoming an administrative capital. The landlords belonging to the upper middle-class, the noble officials of the court and the higher military officers were all well-off as well as the owners of the flourishing new industry. The musical and artistic new élite like the members of the diplomatic corps also prospered. The "Jugendstil" (the style of the 1900's) developed here in a special Karlsruhe way and pseudobaroque style as well as pseudorenaissance style produced up till 1900, an architectonic mixture, which has now already been placed under protection as historically significant. These buildings include the former palace of the grand-ducal heir in Kriegsstrasse (it is now the Federal Tribunal), the Prince Max Palace in Karlstrasse, and the National School of Arts. Visitors coming to Karlsruhe for the first time will admire the huge gardens and forests of the castle, the municipal park, which is used for various entertaining purposes, and the "Festplatz" which has been recently restored, with its large rooms called "Schwarzwald-", "Nancy-" and "Stadthalle"

used for congresses and exhibitions. He will also like the historical centre around the Market-place, the modernity of the central buildings as well as the large Wildpark Stadium and the numerous open swimming-pools.

Economists and industrial managers as well as people in atomic research work know that, besides world firms like Siemens, the first and largest German centre of atomic research is located in the North of the town and that petroleum refineries have their own shipment harbour and are connected with the Marseilles pipeline to the West.

These advantages make Karlsruhe, "the city near the Black Forest and on the Rhine", the most important centre in the Upper-rhenish region besides Mannheim and Ludwigshafen.

THE SURROUNDING TOWN,

incorporated into the city, is much older than the former grand-ducal residence itself: Durlach, for instance, where the founder of the city and his ancestors had been living since 1565. A castle of the time of the Staufers on top of the Turmberg which, with its 250 meters, marks the northenmost point of the Black Forest. In the 18th century Karlsruhe already offered her inhabitants and visitors wonderful cultural entertainment seldom available elsewhere. The painting collections or the natural history collections are one example, the library of the State of Bade (Badische Landesbibliothek) another.

The National Theatre of the State of Bade grew out of the court theatre. The culmination of the previous time had been the time of Eduard Devrient. The brilliant orchestra conductor of the Grand Opera Felix Mottl, lived at a time of great enthusiasm for Wagner. Moreover, names such as those of the Alemannic poet J. P. Hebel or the author of best-sellers of the 19th century, Viktor von Scheffel and more recently Marie-Luise Kaschnitz are well-known.

Masters and their pupils such as Schirmer, Lessing, Kalckreuth, Feuerbach, Thoma, Trübner, Haueisen,

Babberger, Heckel, Hofer, Grieshaber or Meistermann worked at the Kunstakademie. The national academy of music sparked an interest for music well beyond the city limits. The independent handicrafts show remarkable vigor in the production of earthenware ceramics (called "Majolika") which can be considered the successor to the historical manufacture "Faience and porcelain" of Durlach, which vanished in 1840.

There is a long list of Karlsruhe scientists among whom some have reached world fame, such as the chemist Fritz Haber, the machine engineers Ferdinand Redtenbacher and Franz Grashof or the civil engineer Robert Gerwig who completed the Saint-Gotthard railway and who conceived and built the beautiful railway through the Black Forest, with its numerous tunnels.

Karl Benz, a contemporary of Gottfried Daimler, who developed the combustion engine, was also a native of Karlsruhe.

In short, we can say that in Karlsruhe, since the beginning, art and sciences have walked hand in hand. And putting the finishing touch to this development, the great medical symposium called "German Therapy Week", which is connected with a large medicine exhibition, may be considered the logical conclusion of this longstanding cooperation.

HISTOIRE ET SITUATION ACTUELLE

LE 15 JUIN 1715,

le margrave Karl Wilhelm de Baden-Durlach, se trouvant alors en forêt entre son ancienne résidence de Durlach et le Rhin, fit annoncer que ... «... sa grâce avait décidé, pour son futur repos« de faire édifier une résidence princière. Sans hésiter, et en gage de loyauté, les premiers représentants de la noblesse et de la bourgeoisie prirent l'engagement solennel de participer à la construction de cette nouvelle cité. Avec ce serment de fidélité fut posée la première pierre de «Carolsruhe» dont les armoiries rouge doré portent désormais le mot «Fidelitas» comme symbole de sa fondation.

Mais l'avantage exceptionnel de la situation géographique de Karlsruhe, à proximité immédiate de la France et au carrefour de voies routières, fluviales (le Rhin) et ferroviaires, n'apparut clairement que beaucoup plus tard.

Car cette ville est maintenant le centre nord de la région du Rhin supérieur, qui assure l'existence de 860 000 habitants. Avec ses 271 000 habitants, Karlsruhe remplit sur le plan économique et culturel des fonctions, dont le rayonnement dépasse largement les limites du «Land».

Après la guerre la réputation de Karlsruhe atteignit son plus haut sommet, lorsqu'on lui conféra le grand honneur d'y placer le siège de la plus haute juridiction de la République Fédérale, la Cour constitutionnelle fédérale et la Cour fédérale de Justice.

Ce qui était original dans ce projet de ville était l'idée baroque de Karl Wilhelm qui conçut une vaste cité en forme d'éventail, dont la disposition architecturale était en étroite harmonie avec le site naturel. Le point de convergence au nord serait le château auquel aboutiraient les 32 rues et allées flanquées des maisons des nobles et des bourgeois. C'est le plan que présente encore de nos jours le centre-ville. Cependant, dès avant la fin du 18ème siècle, alors que celui qui allait devenir plus tard le premier grand-duc, Karl-Friedrich, exerçait son despotisme éclairé sur le pays de Bade, commença pour Karlsruhe une époque qui devait marquer son apparence extérieure de manière ineffaçable.

Le prestige dont jouissait la cour de Karlsruhe dans toute l'Allemagne du Sud tenait en effet en grande partie à son rayonnement intellectuel et artistique exceptionnel.

Mais, lorsqu'en 1806, fut créé un grand-duché qui s'étendait du Main au lac de Constance, le nombre d'édifices appropriés au nouveau rôle de la ville se révéla insuffisant. On eut alors la chance de pouvoir nommer l'architecte Friedrich Weinbrenner (1766—1826) surintendant des travaux publics. Il fut le créateur d'un style bien caractéristique de la région et tout à fait original, bien qu'inspiré du classicisme méditerranéen. Parmi les réalisations de Weinbrenner existent encore de nos jours la place du Marché (Marktplatz) avec sa pyramide renfermant le tombeau du fondateur de la ville, flanquée des bâtiments imposants de l'Hôtel de Ville et de l'église protestante ainsi que la place dite du Rond-Point avec l'ancien palais des Princes, la colonne de la Constitution et l'église catholique Saint-Stephane, l'hôtel national de la Monnaie et quelques maisons de nobles et de bourgeois avec leurs façades resplendissantes et leurs larges porches.

A LA FIN DE LA GUERRE,
en 1945, seuls les murs du château existaient encore. Entre 1955 et 1960, cependant, on put en réaliser une reconstruction fort réussie. La première pierre avait été posée en 1715 mais c'était surtout entre 1772 et 1785 qu'il avait reçu sa forme définitive. Aujourd'hui il abrite le Musée du pays de Bade (Badisches Landesmuseum), musée moderne riche en collections.

Le bâtiment monumental du musée national des Beaux-arts (1836—1845, agrandissement de 1893 à 1896) fait également partie de l'ensemble architectural du château. Ses collections jouissent d'une renommée européenne. Il renferme des oeuvres importantes de la peinture hollandaise, française et de la peinture de la région du Rhin supérieur.

La transmutation des valeurs spirituelles, politiques et sociales qui s'effectua au 19ème siècle, entraîna à l'intérieur comme à l'extérieur une croissance rapide. En particulier, on créa plusieurs lycées et écoles supérieures. D'une façon générale, Karlsruhe est restée, jusqu'à nos jours, une ville dans laquelle on favorise école et instruction. 16 000 étudiants sont inscrits à l'université «Fridericiana» qui a remplacé la première Ecole technique supérieure (Technische Hochschule) créée en 1825. Dans la deuxième moitié du siècle passé, l'industrialisation transforma la physionomie de la ville, surtout dans les quartiers périphériques du sud-ouest et de l'ouest s'étendant jusqu'au Rhin, et qui, avec un port encore jeune, ont formé rapidement un quartier indépendant.

Au centre, longtemps fidèle à son aspect traditionnel, la prospérité croissante et la mise en place d'une administration métropolitaine imprimèrent un nouveau caractère. Les maîtres d'oeuvre de la haute bourgeoisie, les fonctionnaires nobles de la cour et les officiers supérieurs, tout comme les entrepreneurs de la nouvelle industrie florissante, étaient fort aisés; il en était de même de la nouvelle élite des milieux artistiques et musicaux et des professeurs de l'Ecole technique supérieure ou encore des membres du corps diplomatique.

Le style 1900 (Jugendstil) fut vécu ici à la manière de Karlsruhe et le style pseudobaroque comme le style pseudorenaissance engendrèrent jusqu'en 1900 un ensemble architectonique classé de nos jours monument historique protégé. Il comprend, dans la Kriegsstraße, l'ancien palais de l'héritier grand-ducal (siège actuel du Tribunal fédéral), le palais Prinz Max dans la Karlstraße et l'école nationale des Beaux-arts. Les visiteurs qui séjournent à Karlsruhe pour la première fois admireront les vastes jardins du château ou le parc municipal qui remplit diverses fonctions récréatives, la place des fêtes, récemment refaçonnée avec ses salles de spectacles Schwarzwald, Nancy et Stadthalle, utilisées comme centres de congrès et d'expositions, le centre historique autour de la place du Marché, la modernité des bâtiments du centre, par exemple le théâtre national ou les bâtiments de l'université ainsi que le grand stade du Wildpark ou les nombreuses piscines en plein air. Les experts de l'économie et du management de l'industrie des carburants ou de la recherche atomique n'ignorent certainement pas qu'à côté de firmes mondiales telles que Siemens, le premier et le plus grand centre allemand de recherche nucléaire se trouve au nord de la ville et que des raffineries de pétrole possédant leur propre port de transbordement voient aboutir le pipeline de Marseille. Tout cela contribue à faire de Karlsruhe, «Ville au pied de la Forêt-Noire et au bord du Rhin», un centre important du Rhin supérieur, qui s'est développé à côté de Mannheim et de Ludwigshafen.

LES LOCALITÉS ENVIRONNANTES

incorporées à la commune de Karlsruhe sont beaucoup plus anciennes que la ville grand-ducale d'origine. Citons par exemple Durlach, où le fondateur de la ville et ses ancêtres résidaient depuis 1565. Un château de l'époque des Staufer couronnait le Turmberg, qui, avec ses 250 mètres d'altitude, délimite l'extrêmité la plus septentrionale de la Forêt-Noire. Au 18ème siècle déjà la ville de Karlsruhe offrait à ses habitants et à ses hôtes de passage des «régals» culturels comme il était rare d'en trouver ailleurs. Nous pouvons citer, par exemple, les collections de tableaux ou de sciences naturelles ainsi que la bibliothèque du pays de Bade.
Du théâtre de la cour grand-ducale est issu le Théâtre national du Pays de Bade. L'ère de Devrient en avait déjà marqué une première apogée. Plus près de nous, à l'époque où Wagner était l'objet d'un véritable culte, on n'a pas oublié quel génial chef d'orchestre fut Felix Mottl à la direction du grand opéra.
En outre, des noms tels que celui du poète alémanique J. P. Hebel ou de l'auteur de romans à succès du 19ème siècle, Victor von Scheffel et plus récemment celui de Marie-Louise Kaschnitz, sont bien connus. Maîtres et disciples, tels que Schirmer, Lessing, Kalckreuth, Feuerbach, Thoma, Trübner, Haueisen, Babberger, Heckel, Hofer, Grieshaber ou Meistermann enseignèrent aux Baux-arts.
D'autre part, le conservatoire national de musique raviva l'intérêt que l'on portait à la musique, bien au-delà des limites de Karlsruhe. L'artisanat est particulièrement créateur à la manufacture de faïence Majolika qui, en un sens, peut être considérée comme la continuatrice de la manufacture historique «Faïence et Porcelaine» de Durlach, disparue en 1840.
Les sciences, elles aussi, sont représentées à Karlsruhe par toute une liste de noms qui ont atteint pour certains, une réputation mondiale. Tel le chimiste Fritz Haber ou Heinrich Hertz, à qui l'on doit la découverte des ondes électromagnétiques, les constructeurs mécaniciens Ferdinand Redtenbacher et Franz Grashof ou encore l'ingénieur du génie civil Robert Gerwig qui acheva la voie ferrée du Saint-Gotthard et qui conçut et construisit la belle voie ferrée de la Forêt-Noire, avec ses nombreux tunnels. Karl Benz, contemporain de Gottfried Daimler, qui développa le moteur à gaz, était originaire de Karlsruhe. Bref, à Karlsruhe, dès le départ, les arts et les sciences se sont tendu la main. Pour couronner cette cohabitation et cette coopération, il faut encore citer la «Semaine thérapeutique allemande», grand congrès destiné aux médecins et organisé parallèlement à une vaste exposition de produits pharmaceutiques et d'appareils médicaux.

Folgende Seiten:
Barocke Pracht des ehemaligen Residenzschlosses mit seinen Anlagen
(Luftaufnahme freigegeben vom Regierungspräsidium Nordbaden Nr. 0/3448)

Following pages:
The former château in its baroque magnificence

Pages suivantes:
L'ancien château dans sa magnificence baroque

Der Schloßbezirk mit seiner modernen Umgebung: rechts Universitätsviertel, links neben dem Schloß Bundesverfassungsgericht und Staatliche Kunsthalle (Luftaufnahme freigegeben vom Regierungspräsidium Stuttgart Nr. 2/53291

The castle area with its modern surroundings: to the right the University grounds, to the left by the side of the castle, the Federal Constitutional Court and the Gallery of Arts

Le château et son environnement moderne: à droite le quartier de l'université, à gauche du château la Cour constitutionelle fédérale et la Galérie nationale des Beaux-arts

Spätsommer in den Orangerie-Anlagen   The Orangerie in the summer-time   Fin d'été sur l'Orangerie

Im Vorderen Zirkel, einst großherzogliches Verwaltungszentrum

In the foreground of the Circle, the former quarters of the grand-ducal administration

Au premier-plan du Zirkel s'élevait autrefois le centre de l'administration grand-ducale

33

Der klassizistische Marktplatz — Rathaus, Grabpyramide des Stadtgründers und Evangelische Stadtkriche. Rechts: „Kleine Kirche" (ehemalige Garnisonskirche), 1773—1776 von W. J. Müller erbaut

The classical style Market-Place — Town Hall, Pyramid, tomb of the town founder and the Protestant Church. Right: Small Church (former garrison church) built by W. J. Müller, 1773—1776

Le marché, l'hôtel de ville, la pyramide sépulcrale du fondateur de la ville et l'église municipale protestante, en style du classicisme. A droite «La Petite Église» (ancienne église de garnison), construite de 1773 à 1776 par W. J. Müller

Das einstige Markgräfliche Palais am Rondellplatz mit Verfassungssäule, rechts die Karl-Friedrich-Straße

The former Margrave Place at the rondell with the column of the Constitution

L'ancien palais des margraves, place de la Rondelle, avec la colonne de la Constitution.

Das sogenannte Weltzien'sche Haus am Karlstor

Weltzien House near Karlstor

La maison Weltzien à la porte «Karlstor»

Die katholische Stephanskirche, ein Wein-brenner-Bau von besonderer Eindringlich-keit

St. Stephen's catholic church, a very impressive building built by Weinbrenner

L'église catholique Saint-Stéphane, bâtiment très impressionnant construit par Weinbrenner

Ausdrucksvolle Bürger- und Adelsbauten findet man heute zum Teil noch unversehrt in der Stephanienstraße, so auch die Münzstätte, Weinbrenners letztes Werk

Some buildings of noble men and wealthy citiziens have been perfectly preserved till now, in Stephanie Street

Dans la rue Stéphanie on trouve encore quelques maisons intactes de bourgeois aisés et de nobles

Wohnbauten der Jahrhundertwende, dazu
ein architektonischer Akzent der Gegenwart

Buildings dating from the end of the 19th century, with a touch of modern architecture

Habitations de la fin du siècle dernier avec un accent architectonique moderne

Wasserspiele des Hygieia-Brunnens am Vierordtbad

Hygieia well at the Vierordt swimming-pool

Fontaine de Hygie à la piscine Vierordt

Hauptfassade der ältesten deutschen Technischen Hochschule, heute Universität Fridericiana

Main façade of the oldest German technical high school, which is now the Fridericiana University

Façade principale de la plus ancienne Ecole technique supérieure d'Allemagne, aujourd'hui Université Fridericiana

Im neuen Staatstheater wird allen musischen Funktionen Raum geboten

The new national theatre offers room for
all kind of culture

Le nouveau théâtre national offre une
scène à toutes les formes de culture

Romantik der Gründerzeit in der Weinbrennerstraße

Neugotisch präsentiert sich das Mausoleum im Schloßpark als Grablege des badischen Fürstenhauses

Romanticism of the years 1871—1873 in Weinbrenner street

The neo-gothic mausoleum in the park of the castle

Le romantisme des années 1871 à 1873 dans la rue Weinbrenner

Le mausolée néo-gothique dans le parc du château

Bürgerlich repräsentativ: der Haydnplatz (Luftaufnahme freigegeben vom Regierungspräsidium Karlsruhe Nr. 0/6554)

Vorhergehende Seiten:

links: Im Erbgroßherzoglichen Palais residiert heute der Bundesgerichtshof

rechts: Palais des letzten Kanzlers des Deutschen Reiches, Prinz Max von Baden, heute Städtische Sammlungen

Haydn-square, in the West End, a very impressive large place

Previous pages:

to the left: In the grand-ducal palace there's now the Federal Court of Justice

to the right: The palace of the last Chancellor of the German Empire: Prince Max of Baden

Très représentative, la place Haydn, à l'Ouest de la ville

Pages précédentes:

A gauche: Dans le Palais grand-ducal est abritée la Cour fédérale de Justice

A droite: Palais du dernier chancelier de l'Empire allemand, le Prince Max de Bade

Der Nymphengarten an der Kriegsstraße
erhielt sich fast unverändert

The 'Nymph-garden' near Krieg Street is
still almost intact

Le «Jardin des Nymphes» dans la Kriegsstraße est encore presque intact

Frequentierteste „Geschäftsachse" ist die kilometerlange Kaiserstraße

Kaiser Street, several kilometres long, the busiest commercial street

La Kaiserstraße, longue de plusieurs kilomètres est „l'axe d'affaires" le plus fréquenté

Denkmal Kaiser Wilhelms I. am Mühlburger Tor

A monument in honour of Emperor Wilhelm I, at Mühlburg Gate

Monument en l'honneur de l'Empereur Guillaume Ier à la porte de Mühlburg

„City" Europa-Platz   Europaplatz   Place de l'Europe

Plauderstündchen auf dem Ludwigsplatz   Chattering at Ludwig Square   Bavardage sur la place Ludwig

Originelle Hausverzierung im Zentrum   Original decoration, in the centre   Décoration originale, dans le centre

Treffs für Unentwegte und Kontaktfreudige   Meeting places   Points de rencontre

Kunst- und Flohmärkte beleben das Lokal-kolorit

Folgende Seiten:

Marktleben auf dem Stephansplatz. Jugend-stilbrunnen des Stephansplatzes mit der „schönen Stephanie" und Honoratioren-köpfen

The art markets and the flea markets add to the local colour

Following pages:

The market at Stephen Square. A well in the style of the 1900's with 'beautiful Ste-phanie' and heads of some honourable citi-zens

Les marchés d'objets d'art et les marchés aux puces ajoutent à la couleur locale

Pages suivantes:

Marché, place Stéphane; fontaine style 1900 avec la «belle Stéphanie» et têtes d'ho-norables personnages

1 Paar Wiener m. Brötchen 1.90
1 Stk. Jägerwurst m. Brötchen 1.10
1 Stk. Regensburger m. Brötchen 1.10
1 Stk. Paprikawurst m. Brötchen 1.10
1 Paar Weißwürste m. Brötchen 1.50

Originell auf jede Art — drei der zahlrei-chen Brunnen

Originality: three of the numerous wells

Originalité: trois des nombreuses fontaines

Impressionen aus dem Stadtgarten mit großangelegtem Zoo

Impressions on the public Garden, which has a huge zoo, too

Impressions du Jardin Public, avec un zoo aux grandes dimensions

Fußgängerbrücke im herbstlichen Stadtgarten, daneben eine japanische Reminiszenz

The Public Garden in autumn. Bridge for pedestrians and, at right, Japanise scenery

Le Jardin Public en automne. Pont destiné aux piétons, à droite quelques reminiscences japonaises

70

Mit der neuen Stadthalle werden die Karlsruher Kongreß- und Ausstellungskapazitäten 1985 um ein repräsentatives Veranstaltungszentrum mit insgesamt 5000 Sitzplätzen in 8 Sälen erweitert

In 1985 the new Stadthalle will be expanding the Karlsruhe congress and exhibition capacity to a representative centre

À partir de 1985, le nouveau hall municipal augmentera les capacités de congrès et d'expositions de Karlsruhe d'un centre représentatif de manifestions

Die Schwarzwaldhalle, ein architektonisch interessantes Gebäude, verfügt mit 4000 Sitzplätzen über die größte Einzelkapazität im Karlsruher Kongreß- und Ausstellungszentrum

The Schwarzwaldhalle, an interesting edifice of architecture with 4.000 seats offers the utmost capacity in the Karlsruhe Congress and Exhibition Centre

Le Schwarzwaldhalle (Hall de la Forêt Noire), édifice d'une intéressante architecture, offre avec ses 4000 places assises la plus grande capacité individuelle parmi les salles du centre de congrès et d'expositions de Karlsruhe

Details der Antikensammlung des Badischen Landesmuseums im Schloß und ein kostbares Exemplar aus der „Türkenbeute" des Markgrafen Ludwig Wilhelm von Baden

Museum of the land of Baden. Greek antiquities and, at right, a precious example of the Turkish plunder of Margrave Ludwig-Wilhelm of Baden

Collection d'objets d'art d'Antiquité du Musée national du Pays de Bade
Exemple précieux du «butin turc» du margrave Louis-Guillaume de Bade

Aufgang in den Badischen Landessammlungen für Naturkunde, unten
Entrée der Badischen Landesbibliothek

To the collections of the natural history
museum. Underneath: entrance to the
library of the land of Baden

Montée au Musée d'histoire naturelle
— au-dessous entrée de la bibliothèque
du pays de Bade

Kunsteleve der Akademie der Bildenden
Künste

Student of the Academy of Arts

Elève de l'Académie des Beaux-arts

Folgende Seiten:
Glanzvoll wie eh und je — die berühmte Staatliche Kunsthalle

Following pages:
As brilliant as ever, the famous Galery
of Arts

Pages suivantes:
Toujours aussi prestigieux, le célèbre
Musée nationale des Beaux-arts

Einst standen hier die Häuschen des „Dörfle" — heute wohltuende Modernität

The 'Dörfle' used to stand here. Nowadays modern and useful buildings have been built

Autrefois s'élevaient ici les vieilles maisonnettes du «Dörfle». De nos jours: modernité utilitaire

Relikte im „Dörfle" aus dem 18. Jahrhundert

Remainders of the 'Dörfle', in the 18th century

Relique du «Dörfle», du 18ème siècle

Beherrschende Großbauten aus dem Verwaltungs- und Versicherungsbereich (links oben Postscheckamt, unten LVA Baden, rechts oben LBS, unten Badischer Gemeinde-Versicherungs-Verband)

Big administration and insurance buildings

Grands bâtiments du domaine administratif ou des assurances

Das Universitätsviertel, weitläufig und über-
sichtlich

The University quarter

Le quartier universitaire

Arbeit auf Bundesebene — Das Bundesverfassungsgericht im Schloßbezirk

The Federal Constitutional Court in the
castle area

La Cour constitutionnelle fédérale

Folgende Seiten:
Beispiele variantenreicher Architektur

Following pages:
Example of a diversified architecture

Pages suivantes:
Exemple d'une architecture riche et variée

GASTDOZENTENHAUS
HEINRICH HERTZ

Der Hauptbahnhof — Drehscheibe internationalen Bahnverkehrs
(Luftaufnahme freigegeben vom Regierungspräsidium Nordbaden Nr. 0/2679)

The main station, the 'turn-table' of international railway-traffic

La gare principale, plaque tournante du tra-
fic ferroviaire international

Im Zentrum und im Westen   In the Centre and in the West End   Au centre et à l'Ouest

Die neue Synagoge im Grün des nahen Hardtwalds
(Luftaufnahme freigegeben vom Regierungspräsidium Karlsruhe, Nr. 0/6553)

The new synagogue in the Hardt forest

La nouvelle synagogue dans la verdure de la proche forêt Hardtwald

96

Begegnungsstätte internationaler Sportwett-
kämpfe — die neue Europahalle

Folgende Seite:
Kernforschungszentrum, Ölraffinerien und
weltbekannte Großindustrie akzentuieren
die Wirtschaftskraft der Stadt

Meeting place of international sports com-
petition — the new Europahalle

Following page:
Atomic research center. Petroleum refineries and well-known big industry

La nouvelle Salle de l'Europe, lieu de ren-
contres sportives internationales

Page suivantes:
Centre de recherches nucléaires. Raffineries de pétrole et grande industrie de renommée mondiale

Das Verwaltungsgebäude der Karlsruher
Lebensversicherung AG, das auf die 1835
in Karlsruhe gegründete Allgemeine Ver-
sorgungsanstalt im Großherzogtum Baden
zurückgeht.

The administration building of the Karlsruher Lebensversicherung AG (Karlsruhe
Life Insurance Co.), fifteen storeys high

L'édifice d'administration de la Karlsruher
Lebensversicherungs AG (Compagnie
d'Assurance sur la Vie S.A.) compte avec
ses 15 étages

Seit 1872 werden im Pfaff-Werk in Durlach
Haushaltsnähmaschinen und Haushaltsge-
räte hergestellt — Blick auf das Montage-
band der computergesteuerten Nähmaschi-
nen

The assembly-line of the Pfaff-Enterprise,
well-known for the production of sewing-
and household-machines at Durlach since
1872

Le tapis roulant de montage des usines
Pfaff à Durlach, qui y fabriquent des ma-
chines à coudre depuis 1872

Quadratur der Gärten und Wohnbauten im Dammerstock — Gropius-Siedlung (Luftaufnahme freigegeben vom Regierungspräsidium Karlsruhe Nr. 0/2677)

Quadrature of gardens and buildings at Dammerstock — Gropius garden city

Quadrature des jardins et immeubles à Dammerstock — cité-jardin de Gropius

Weiträumige Wohnsiedlung zwischen Autobahn und Ettlinger Allee, im Hintergrund das „Märchenviertel"

Large residential district between the autobahn and the Ettlingen alley

Vaste quartier résidentiel entre l'autoroute et l'allée d'Ettlingen

Am Rhein, der Lebensader Europas — hier die Brücke zur Pfalz und ins Elsaß

On the Rhine, Europe's main thoroughfare. Bridge leading to the Palatinate and to Alsace

Sur le Rhin, artère vivante de l'Europe. Ici le pont menant au Palatinat et en Alsace

Altrhein-Idylle als Überbleibsel der Rhein-
regulierung im 19. Jahrhundert

Idyllic remainder of the Rhine regulation

Reste idyllique de la régulation du Rhin

Das ehemalige Durlacher Markgrafen-
schloß beherbergt heute das Pfinzgau-Mu-
seum

The former margrave castle in Durlach

L'ancien château des margraves, à Durlach

Das Basler Tor in Durlach erinnert an die
einstige Befestigung des alten Markgrafen-
sitzes

The Basel Gate in Durlach, reminds of the
former fortification of the margraves' seat

La porte de Bâle, à Durlach, rappelle l'ancienne fortification du siège des margraves

Rathaus und weingesegnete Turmberg-flanke im Stadtteil Durlach

The Town Hall Durlach and the Turmberg with its famous vineyards

Hôtel de ville et Turmberg — au vin renommé — à Durlach

Markanter Mittelpunkt des Stadtteils Grötzingen: das Rathaus

Central point of the district Grötzingen:
the Town Hall

Point central du quartier de Grötzingen: la
mairie

Schloß Augustenburg in Grötzingen wurde zu einem kulinarischen Treffpunkt ausgebaut

Augustenburg castle at Grötzingen

Le château Augustenburg à Grötzingen

Laß dein Leiden und dein
sterben an uns allen nicht verderben
Laß dein Marter qual und
pein, an uns nicht verloren sein

1834

Die historische Kirche in Wolfartsweier.

Vorhergehende Seiten:

links: Aus romanischer Zeit stammt noch der Turm der Kirche im Ortsteil Grünwettersbach

rechts: Bildstock bei Stupferich

The historical church at Wolfartsweier.

Previoust pages:

to the left: Grünwettersbach: the church tower dating from the Romanesque time

to the right: Cross near Stupferich

L'église historique à Wolfartsweier.

Pages précédentes:

A gauche: Le clocher de l'église de Grünwettersbach date de l'époque romane

A droite: Calvaire près de Stupferich

Winterliche Stille im Gutshof von Hohenwettersbach

Stillness in winter, on the huge farm at Hohenwettersbach

Calme hivernal dans la grande ferme de
Hohenwettersbach

Ruine des Gottesauer Schlosses   The ruin of Gottesaue castle   Ruine du château de Gottesaue

Einst fürstliche Idylle: Schloß Stutensee

Princely idyll of the past time in Stutensee castle

Idylle princière du temps passé, château de Stutensee

Knielingen, Daxlanden und Beiertheim bewahren nach wie vor ihre ländliche Atmosphäre. Oben die historische „Künstlerkneipe" in Daxlanden

Folgende Seite:
Die Badnerland-Halle im Ortsteil Neureut

Knielingen, Daxlanden and Beiertheim — here its famous 'Künstlerkneipe' — have preserved their rustic atmosphere

Following page:
The Badnerland Hall at Neureut

Knielingen, Daxlanden et Beiertheim conservent comme autrefois leur atmosphère rustique. Ici le restaurant historique «Künstlerkneipe»

Page suivante:
La Salle badoise dans le quartier de Neureut